LETTRE

SUR

L'UTILITÉ DES MUSÉES ETHNOGRAPHIQUES

ET SUR L'IMPORTANCE DE LEUR CRÉATION

DANS LES ÉTATS EUROPÉENS

qui possèdent des Colonies,
ou qui entretiennent des relations commerciales avec les autres parties du monde,

A M. EDME-FRANÇOIS JOMARD,

Conservateur-Administrateur du Dépôt Géographique de la Bibliothèque Royale,
Membre de l'Institut Royal de France,

PAR M. PH. FR. DE SIEBOLD.

PARIS.
BENJAMIN DUPRAT, LIBRAIRE DE L'INSTITUT
ET DE LA BIBLIOTHÈQUE ROYALE.
RUE DU CLOÎTRE SAINT-BENOÎT, 7

1843.

LETTRE

SUR

L'UTILITÉ DES MUSÉES ETHNOGRAPHIQUES

A M. EDME-FRANÇOIS JOMARD

PAR

M. PH. FR. DE SIEBOLD.

TYPOGRAPHIE
LACRAMPE ET COMPAGNIE
RUE DAMIETTE, 2

LETTRE

SUR

L'UTILITÉ DES MUSÉES ETHNOGRAPHIQUES

ET SUR L'IMPORTANCE DE LEUR CRÉATION

DANS LES ÉTATS EUROPÉENS

qui possèdent des Colonies,
ou qui entretiennent des relations commerciales avec les autres parties du monde,

A M. EDME-FRANÇOIS JOMARD,

Conservateur-Administrateur du Dépôt Géographique de la Bibliothèque Royale,
Membre de l'Institut Royal de France.

PAR M. PH. FR. DE SIEBOLD.

PARIS.

BENJAMIN DUPRAT, LIBRAIRE DE L'INSTITUT
ET DE LA BIBLIOTHÈQUE ROYALE.
RUE DU CLOÎTRE SAINT-BENOÎT, 7.

1843.

Monsieur,

Depuis mon retour du Japon en Europe, où j'ai apporté de nombreuses et riches collections d'histoire naturelle et d'ethnographie, les soins et les efforts que vous avez employés pour établir un musée ethnographique à Paris, m'ont paru dignes d'admiration. Après m'être moi-même, pendant sept années, occupé, dans le vaste empire auquel le lever du soleil a donné son nom (*Nippon*), à rassembler des objets matériels et des monuments précieux qu'une civilisation antique, l'industrie prodigieuse, les arts et les sciences du peuple le plus cultivé de l'Asie, ont abondamment produits, je puis apprécier d'autant mieux vos tentatives en faveur des sciences ethnographiques, et concevoir la sollicitude que vous avez mise à désigner, à réunir et à conserver les matériaux qui se rattachent à cette spécialité, l'une des plus importantes, sans contredit, parmi les connaissances humaines. Je comprends donc parfaitement, Monsieur, l'élévation de votre pensée, en proposant, à plusieurs reprises, au gouvernement français de créer à la Bibliothèque royale, *au centre de ces immenses trésors d'histoire, de litté-*

rature et d'art, un établissement public où les produits matériels des voyages lointains que le gouvernement a fait entreprendre seraient déposés à demeure, tandis qu'aujourd'hui ces résultats ne sont que trop souvent dispersés après le retour des voyageurs, et perdus à jamais pour la science. Je me rappelle avec un vif intérêt les conceptions éclairées dont vous avez bien voulu me faire part, sur ce sujet important, lorsque j'eus le plaisir de revoir chez vous les intéressants produits du voyage fait par MM. d'Arnaud, Thibaut et Sabatier, en Afrique, sur les rives du Nil-Blanc, jusqu'au 4° 40′ de latitude nord.

« Les peuples récemment découverts et encore reculés dans l'échelle « de la civilisation marchent maintenant, disiez-vous, avec une rapi« dité énorme, à l'aide de la culture que viennent leur apporter les « nations commerçantes de l'Europe; mais à mesure qu'ils s'en éclai« rent, qu'ils adoptent les mœurs ou les besoins des nations euro« péennes, leurs usages propres s'effacent, leur manière d'être se « modifie ou change tout à fait pour faire place à d'autres. De nou« velles idées sociales et industrielles leur font abandonner celles de « leurs aïeux. Peut-être un jour, quand on voudra tracer le tableau « historique des progrès des peuplades sauvages, on sera réduit à de « vagues renseignements, à d'obscures traditions. Il importerait donc « à l'histoire de l'espèce humaine et à celle de la civilisation qu'on « eût constaté le point où ces peuples étaient parvenus, avant de rece« voir le bienfait des lumières et d'un état social perfectionné. »

Voilà, Monsieur, vos propres paroles; elles sont sages et graves. J'y reconnais les impressions que l'antique Égypte a laissées dans votre âme, lorsque vous vous reposiez sur les débris des monuments classiques d'un pays autrefois civilisé, et actuellement occupé par des tribus presque barbares; j'y reconnais les réflexions sérieuses que l'aspect du berceau primitif de l'humanité vous suggéra sur l'origine unique et divine de notre espèce. A mon tour, j'ai médité longtemps ce grand principe, lorsque j'eus le bonheur de retrouver dans la nation japonaise, laquelle occupe, je l'ai dit, le sommet parmi les civilisations de l'extrême Orient, quelques anneaux de la chaîne qui relie les antiques civilisations de l'Égypte, de l'Inde, de la Perse, de la Chine et de l'Amérique. J'ai osé depuis sonder les profondeurs de la source d'où le genre humain a tiré son origine, soutenu dans mon opinion, tant par la haute antiquité que les Chinois, et même les Japonais, attribuent à la culture de leurs ancêtres, que par l'analogie de leurs traditions et de leur chronologie avec celles des Indous et des Persans. J'ai tâché de m'expliquer comment le ruisseau de la culture sociale primitive a, selon toute probabilité, pris naissance dans l'Asie centrale, sur les versants des plus hautes montagnes du Tubet et de Cachemire, qui s'inclinent vers les tropiques, et reçoivent l'influence de la Zone torride; comment il s'est grossi lentement pendant des milliers d'années; comment, après ces accroissements successifs, il s'est enfin répandu sur la surface totale de notre globe. Néanmoins, cette eau limpide, source première de la culture du genre humain, a le plus souvent été troublée dans le vaste parcours de ses embranchements divers, dont les uns se sont ensablés dans les déserts, dont les autres se sont dissipés dans les profondes forêts. Çà et là seulement, ils ont laissé dans leurs lits desséchés quelques cailloux effacés, débris d'une civilisation antérieure et plus ou moins avancée. Je parle des monuments vénérables que l'on retrouve encore aujourd'hui dans les fertiles vallées de l'ancien continent, ou sur les plateaux salubres du nouveau monde.

Ainsi, il s'est trouvé des peuples qui ont laissé dans leur berceau même, ou sur la route de leurs migrations, des traces ineffaçables d'une culture antique; mais il a évidemment existé encore d'autres peuples, aussi plus ou moins éclairés, et dont il ne nous a été donné de découvrir nulle part les vestiges. L'histoire nous a conservé le souvenir des premiers, tour à tour absorbés dans la civilisation européenne, dégénérés ou disparus. Les autres sont demeurés inconnus, même pendant leurs migrations lointaines sur la face du globe; parfois ils se sont ensevelis jusqu'à nos jours dans le secret de leurs asiles. Ces peuplades, que les physiologistes se sont complu à nommer aborigènes, abandonnées à elles-mêmes de temps immémorial et sous divers climats, doivent intéresser spécialement les études ethnographiques; et plus chacune d'elles s'est isolée des tribus civilisées ou barbares, plus elle a conservé pur dans son culte, dans ses mœurs et sa culture intellectuelle, le sceau de l'époque où elle se sépara des autres familles humaines. Dans plusieurs îles de l'océan Pacifique, dans les Kouriles, au sein du nouveau monde et des régions hyperboréennes, on a découvert des tribus dont les institutions civiles et domestiques, le caractère paisible et droit, viennent à l'appui de l'hypothèse qui place leur culture avant l'époque de leur arrivée dans les lieux où elles furent découvertes par nos voyageurs. C'est ainsi que nous reconnaissons, chez les habitants des îles Mariannes, la même douceur de mœurs que les historiens japonais attribuent à leurs ancêtres du septième siècle avant notre ère; et la peinture que La Pérouse et Krüsenstern font des familles d'Aino qu'ils ont rencontrées aux îles Kouriles, établit une analogie frappante entre la vie sociale de ces indigènes et celle des patriarches de la Bible, dont le type moral s'est également conservé chez quelques hordes arabes, visitées par nos voyageurs les plus récents.

Dans les profondes vallées du Népal, où depuis le deuxième siècle les sectateurs du bouddhisme, chassés par les Brahmines, se sont cachés à l'abri des montagnes, le culte de Bouddha s'est conservé pur jusqu'à nos jours. De là jaillit une grande lumière sur les dogmes et les rites qui constituent cette antique religion; et ses rapports avec le catholicisme acquièrent bien plus de vraisemblance par l'inspection des temples du Népal, car elle nous montre l'identité des architectures bouddhique et gothique, sans compter que dans l'intérieur de ces édifices on retrouve même l'œil qui voit tout 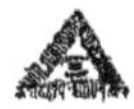, l'un des symboles les plus célèbres parmi les chrétiens.

Il existe donc des preuves réelles de la filiation des peuples dans toutes les parties du monde; mais ces preuves, nous n'avons pas toujours su les dégager. Souvent nos préoccupations personnelles nous aveuglèrent; d'autres fois, les circonstances sous l'empire desquelles nous entrâmes en rapport avec les peuples ne nous permirent pas de les contempler dans leur véritable jour. Troublés par nous dans le repos de leurs foyers, blessés dans leurs sentiments de famille par la violence de nos passions, ils nous apparurent tout différents de ce que la nature les avait faits. Peu d'Européens eurent le privilége et l'art de surprendre dans leur état calme et normal ces peuples, que des préjugés injustes avaient flétris du nom de sauvages; mais le petit nombre de voyageurs qui les étudièrent ainsi ne manquèrent pas de reconnaître en eux des qualités qui prouvaient l'antique filiation de tous les habitants du globe. Dès lors, en ce qui concerne celles d'entre les races humaines qui n'ont pas laissé de monuments, et par conséquent pas d'histoire, il est impossible de retrouver des vestiges de leur filiation ou de leurs migrations sans appeler à son secours l'étude comparée de leurs cultes et de leurs mœurs, ainsi que la connaissance de la culture intellectuelle ou industrielle que chaque nation avait acquise, soit à l'époque de sa découverte, soit pendant la période qu'elle passa hors du contact des sociétés qui l'ont devancée dans la civilisation. « L'homme, avez-vous dit, Monsieur, avec l'immortel Cuvier [1], se montre dans les produits de son industrie, dans ses efforts pour surmonter les obstacles que lui opposent la nature et les climats, et dans le résultat de cette faculté toujours active, et tendant continuellement à la perfection, qui est un des attributs caractéristiques de notre espèce. » Le contraire a lieu pour les peuples qui nous ont transmis des monuments dans les lieux mêmes où ils ont été jetés par le hasard, acculés par des ennemis, entraînés par leurs passions, ou dans lesquels la richesse du pays, la beauté du sol et du climat, les ont invités à fixer leur demeure. Ceux-là, quoique disparus pour la plupart, ont écrit en traits impérissables le tableau de leur filiation et de leurs migrations, et même après la chute de leurs œuvres posthumes, ils survivent dans la mémoire du monde éclairé.

Il faut le redire : ces antiques monuments, qui nous sont restés et qui témoignent d'une culture intellectuelle du genre humain, dont l'origine échappe aux calculs de la chronologie, n'appartiennent déjà plus à sa période mythologique; son ère historique coïncide avec leur apparition. L'archéologie est donc devenue une branche féconde des études historiques, et elle a gagné successivement en importance, à mesure que les recherches ont pris plus d'activité. Dans les deux derniers siècles, on a exploité des matériaux immenses qui se sont conservés dans nos musées; mais il est à regretter que les savants archéologues d'alors se soient occupés presque exclusivement de la triple antiquité hellénique, romaine et sémitique. En thèse générale, leurs recherches se bornèrent aux peuples anciens des terres classiques, ou du moins elles ne s'étendirent pas au delà des populations primitives de la Germanie et de la Scandinavie. Les habitants de l'Asie orientale, ceux

[1] *Extrait d'un Rapport de la Commission nommée par M. le ministre du Commerce et des Travaux publics pour examiner la convenance de la formation d'un Musée ethnographique à Paris*, 1er novembre 1831.

des Indes, de la Chine et de l'Amérique, n'ont qu'exceptionnellement attiré leurs regards. Les autres peuples extraeuropéens connus ont été presque oubliés; et l'épithète de « sauvages, » qu'on leur donne vulgairement, suffisait par elle seule à détourner d'eux l'attention du monde savant. Enfin, au commencement du dix-huitième siècle, on créa, dans quelques capitales de l'Europe, des cabinets de raretés, et on y exposa des armes, des costumes, des objets du culte et quelques autres ustensiles des sauvages, parmi lesquels on avait choisi, comme à dessein, les exemplaires les plus hideux pour constater la bizarrerie et l'inhumanité de leurs mœurs. Quelques produits de l'art et de l'industrie des peuples à demi civilisés furent conservés également, mais bien moins dans l'intérêt de la science que par égard pour la haute perfection des arts techniques qu'on avait trouvés chez ces barbares. Quant aux sciences mêmes, on n'osa seulement pas supposer qu'elles pussent exister parmi eux; et dans leurs institutions religieuses et morales, dans leurs principes de gouvernement et d'administration et dans toutes les applications de cet ordre, on ne voulut à toute force voir que des œuvres païennes et des maximes despotiques. Nous passerons sous silence le fanatique vandalisme qui ne s'était rien moins proposé que la destruction des manuscrits et des monuments si précieux du nouveau monde; il suffira de dire qu'un homme des plus éminents, saint François-Xavier, crut reconnaître au Japon, dans tous les rites du bouddhisme et dans les ustensiles de ce culte, une imposture diabolique, à cause de leur analogie palpable avec ceux du catholicisme, tandis qu'il regardait les bonzes comme les serviteurs du mauvais esprit. L'ignorance en matière d'ethnographie fut de tout temps un très-grand obstacle à la propagation de la foi chrétienne; et, j'ose le dire, elle suscite encore aujourd'hui des embarras graves aux missionnaires les plus zélés.

Je me suis permis cette digression afin de mettre en lumière la faiblesse des connaissances ethnographiques et l'imperfection des collections de ce genre aux siècles passés. Depuis la fin du dix-huitième siècle, le cercle de découvertes géographiques s'est beaucoup étendu, et les intéressantes relations de voyages faites par Cook, La Pérouse, Forster et Pallas, ainsi que par d'autres savants, ont excité un vif intérêt pour l'étude de l'état physique, intellectuel, moral et industriel des peuples récemment découverts. Dès lors, on a senti le besoin urgent d'établir des collections d'objets matériels rapportés des voyages lointains et qui donnaient des renseignements précis sur l'état du culte, des arts et des procédés industriels, dans les nations qui n'ont pas subi l'influence européenne. La fondation des collections de Goettingue, de Saint-Pétersbourg, de Weimar et de Berlin date de cette époque.

L'expédition d'Égypte, dont les résultats précieux pour les sciences sont dus au zèle de la commission qui vous compta, Monsieur, parmi ses membres les plus distingués; ce fameux pèlerinage entrepris par dévotion pour les arts et les sciences, a imprimé une nouvelle impulsion aux études archéologiques et ethnographiques, branches de la science qui sont si propres à se féconder l'une par l'autre. Et comme on admet de nos jours dans le domaine de l'archéologie tous les monuments et les objets quelconques qui nous sont restés des peuples anciens et disparus, soit civilisés soit barbares, tandis que, d'autre part, l'étude de l'ethnographie comprend toutes les connaissances qui concernent l'état intellectuel, moral et industriel des peuples vivants sur notre globe, il s'ensuit que les musées ethnographiques font une suite indispensable aux musées archéologiques. Les monuments de ces deux ordres de dépôts s'éclairent les uns par les autres, et jettent un grand jour sur l'histoire des cultes, des costumes, des mœurs et des arts parmi les nations mortes et vivantes.

C'est par cette double conservation des ouvrages de l'un et de l'autre ordre qu'ont produits les sociétés humaines séparées dans le temps et dans l'espace; c'est par des recherches que l'on pourrait intituler recherches d'archéologie et d'ethnologie comparées, et qui se fondent sur les analogies frappantes que les peuples désormais éteints et les peuples survivants présentent entre eux; c'est à ce titre, Monsieur, que les collections archéologiques et ethnographiques sont aujourd'hui devenues indispensables pour l'étude sérieuse de l'histoire ancienne et moderne, de la linguistique et de la géographie. Les recherches comparées auront pour résultat des éclaircissements importants qui pourront nous conduire à retrouver et à reconnaître les peuplades déviées depuis des milliers d'années de la société humaine primitive, et séparées, je l'ai dit, par l'Océan ou par des chaînes de montagnes. De tels obstacles, insurmontables à toute culture par voie d'enseignement mutuel entre les tribus ainsi isolées, ont beaucoup contribué à conserver chez elles quelques impressions caractéristiques de leur culture et les rudiments du culte et des mœurs qui leur ont été particuliers ou communs avec les autres branches de la grande famille humaine, à l'époque où elles s'en sont écartées. Cependant, les traits qui font reconnaître ces tribus çà et là dispersées ne sont pas toujours évidents, car ils ont été affaiblis par le temps et par des accidents nombreux, modifiés par l'influence du sol et des climats, de la nourriture et des habitudes; souvent enfin, presque effacés par le concours de circonstances dont l'action est puissante sur la nature humaine. L'auteur de l'*Asie centrale* s'exprime en ces termes : « Il est dans le soulèvement des masses, dans l'étendue et l'orientation des systèmes de montagnes, dans leurs positions relatives, des traits dominants qui, dès la plus haute antiquité, ont exercé de l'influence sur l'état des sociétés humaines, déterminé les tendances de leurs migrations, favorisé ou ralenti les progrès de la culture intellectuelle. »

Ces changements physiques ou moraux, opérés chez les différentes peuplades du monde, créent donc des embarras sérieux aux recherches comparées des ethnographes; le succès dépendra beaucoup du choix des objets rassemblés, de l'ordre systématique dans lequel on les dispose, de l'art de les grouper pour en tirer des conséquences générales.

Au point où nous en sommes dans cet entretien, permettez-moi, Monsieur, de vous céder encore la parole: « Il semble, dites-vous, que, parmi les ouvrages de l'industrie extraeuropéenne, on devrait choisir surtout une certaine classe d'objets, comme étant très-propres à caractériser le degré ou le genre de la civilisation. Je veux parler des instruments qui servent à exprimer et à transmettre le sentiment musical, mode d'expression inné chez tous les hommes; il faudrait s'attacher à réunir le plus complétement possible tous les instruments à vent, à corde et de percussion appartenant aux peuplades. S'ils sont semblables ou analogues à ceux dont l'ancien monde civilisé a fait usage, on en pourra tirer des inductions sur l'origine de ces peuplades; s'ils en diffèrent absolument, ils donneront lieu à d'utiles remarques sur le génie inventif des différentes tribus et sur le goût particulier aux hommes des diverses races. On peut en dire autant des différents jeux et des objets servant aux exercices gymnastiques. Tous ces objets, dessinés par les voyageurs sans vérité, ou d'une manière fugitive (quand encore ils ont eu le temps de les copier), perdent encore à la gravure, et aucune description ne peut les suppléer.

« Outre les armes et les armures de toute espèce, il faudra rechercher les outils employés dans les arts et dans le travail des métaux, les ustensiles variés de l'économie domestique et de l'agriculture, les monnaies, poids et mesures, les tissus de tout genre, les ornements de parure, souvent très-riches par la matière, par la forme et par le dessin; puis, les ornements et les symboles du culte et des superstitions, tels que les talismans, les trépieds et les autels portatifs, les divers signes extérieurs des cérémonies de la religion; enfin, tout ce qui constate l'état des mœurs, des préjugés et des idées sociales et religieuses. Joignons encore à cette énumération les peintures et les reliefs qui expriment le caractère de la physionomie, quand ils sont l'ouvrage des indigènes mêmes. Je n'en excepterais pas certains costumes comme on en voit dans l'Afrique centrale et occidentale, dont les voyageurs ne remarquent souvent que la bizarrerie, mais qui éclarcissent des usages civils ou religieux, ou des superstitions d'un genre particulier. La collection de tous les instruments matériels qui servent à compter, peser et mesurer, serait, à elle seule, d'un haut intérêt : enfin, que de matières précieuses et d'objets des trois règnes mis en œuvre par les indigènes, et qu'il serait avantageux de réunir !

« Si les Espagnols, au lieu de détruire ou de laisser disperser les ouvrages de l'industrie américaine, les produits des arts des Mexicains, des Péruviens et surtout de l'Amérique centrale, les avaient, au contraire, conservés avec soin et rassemblés dans une grande collection; si l'on avait ainsi constaté la situation sociale des Américains au jour de la conquête, certes, on aurait aujourd'hui des lumières sur leur origine, on n'en serait pas réduit à des conjectures sur ce qu'il faut penser de l'état primitif des aborigènes; on saurait enfin plus positivement si leur civilisation a eu plusieurs sources, plusieurs degrés, plusieurs périodes (1). »

J'aurai peu d'observations à faire sur cette exposition, à laquelle je

(1) *Considérations sur l'objet et les avantages d'une collection spéciale consacrée aux Cartes géographiques et aux diverses branches de la géographie*, par M. J. Paris, 1831. Page 20.

veux seulement ajouter que, chez les peuples extraeuropéens qui sont déjà avancés dans la civilisation, l'intérêt des recherches d'ethnologie comparée demande quelquefois que l'on se procure des objets domestiques et d'autres ustensiles dont leurs grossiers aïeux ont fait usage, et qu'ils ont emportés dans leurs tombeaux. Ces objets, quoiqu'ils appartiennent à l'archéologie, doivent entrer dans les collections ethnographiques, car les produits de cette période, que nos antiquaires appellent l'âge des pierres (*Steinzeitalter*), nous donnent les renseignements les plus précieux sur la filiation, les migrations et les relations des peuples les plus éloignés les uns des autres. J'ai démontré ailleurs l'importance de recherches pareilles, dans les *Archives de Nippon*[1], où j'ai raconté que j'avais trouvé à grande distance du Japon, dans l'île Sitcha, l'une des Aleutes, habitée par les sauvages Koljouches, les mêmes pointes en pierre qui étaient autrefois employées par les anciens Japonais, et dont les Koljouches font encore usage en les fixant sur leurs flèches et leurs lances d'après les mêmes procédés.

En ce qui concerne les ornements et les symboles du culte, que vous recommandez à l'attention des ethnographes, je dois rapporter, à l'appui de votre opinion, un résultat très-curieux de mes recherches comparées sur cette matière. Vous connaissez, Monsieur, le signe de la croix brisée 卍[2], vulgairement nommé le marteau ou signe de Thor (*Thorshammer*, *Thorszeichen*). Ce signe, que les anciens habitants de la Germanie ont sculpté sur leurs chênes sacrés et gravé sur les autres monuments relatifs à leur culte, je l'ai retrouvé au Japon. Dans cet empire, il est représenté sur les pierres funéraires, marqué sur la poitrine des idoles du bouddhisme et appliqué aux ornements symboliques. En Chine, ce signe sert au même usage; il décore les frontispices des pagodes tubétaines, et on l'a découvert aussi dans le Boutan, où domine le culte de Lama. Tout récemment, des fouilles exécutées en Allemagne, dans un ancien cimetière des Wendes, ont

[1] *Nippon, Archiv zur Beschreibung von Japan*, Abth. II, *Volk und Staat : Blick auf die Steinwaffen der Urbewohner der Japanischen Inseln.* (*Nippon, ou Description du Japon*, part. II, *Peuple et État : Coup d'œil sur les armes en pierre des habitants primitifs des Iles japonaises.*) Page 43.

[2] Ce signe se trouve parmi les anciens caractères idéographiques chinois et japonais, et on le prononce *ouan* ou *man*, ce qui signifie : dix mille. Une des divinités bouddhiques qui le porte sur la poitrine s'appelle en conséquence : *man durono mide* (dix mille ouan). On pourrait reconnaître dans ce symbole l'attribut d'une chose indéfinie, d'un être éternel.

mis au jour une urne en terre cuite qui portait encore la mystérieuse croix brisée. Au Japon comme en Chine, elle est essentielle dans la composition des cadres et des autres ornements de l'architecture et de la peinture. Elle y forme aussi le sujet de presque toutes les bordures qui rappellent le style grec, et ce genre de cadre, ornement très-compliqué que j'ai voulu reproduire sur l'enveloppe de l'Atlas de mon *Nippon*, parce que les Chinois et les Japonais l'affectionnent depuis les temps les plus reculés, vient d'être aussi découvert en Grèce. Le roi des artistes, à Munich, frappé de l'élégance de cette antique peinture, en a fait une décoration pour le plafond de son nouveau palais. Voilà donc le rameau indien, germain et pélasgique de la race blanche ou caucasienne qui se trouve en rapport avec le rameau sinique de la race jaune ou mongole. J'en rapprocherai également le rameau américain, en ajoutant un autre fait : les reliefs des ruines de Mitla, dans la province *Oaxaca*, dont le nom rappelle la ville d'Oosaka, premier port de mer de l'empire japonais; ces reliefs que M. le baron de Humboldt a reproduits dans ses *Vues des Cordilières*, ont été reconnus par mes amis du Japon; ils leur ont appliqué les noms que ces ornements des vieux âges portent chez eux et chez les Chinois. On sait que le zodiaque commun aux Chinois, aux Mandchoux, aux Tubétains et aux Japonais, se retrouve chez les Toltèques et les Aztèques, anciens habitants du Mexique descendus du nord-ouest du continent américain, et qui apparurent au Mexique, les premiers, dès l'an 648, les derniers, dès l'an 1196 après notre ère; mais un fait non moins remarquable, c'est que les *Botocudos*, peuplade sauvage du Brésil, ont des mascarades dans lesquelles j'ai cru reconnaître les images des signes du zodiaque anciennement représenté par les Japonais dans leurs fêtes populaires.

Mes savants amis japonais, qui ont examiné soigneusement les planches des *Vues des Cordilières*, ont également reconnu avec moi l'identité des nombres cardinaux et la grande ressemblance qui existe entre le calendrier des Muyscas de Bogota et celui de leurs propres ancêtres. La figure de l'oiseau mythologique *Fô* ou *Foung*, que les Chinois et les Japonais représentent sur les frontispices de leurs temples et sur les sanctuaires de leurs dieux domestiques, nous rappelle le *globe ailé* qui pare les corniches des temples de l'Égypte, dont plusieurs outils et objets domestiques sont parfaitement analogues à ceux des pays que je viens de nommer. On pourrait, d'après cet indice, retracer un rameau araméen sur le tronc commun des peuples.

Les systèmes que nous avons admis, vous, Monsieur, et moi, dans la classification des objets ethnographiques, sont, il est vrai, différents: le vôtre facilite les recherches comparées en rangeant les uns auprès des autres les objets de même nature, de même destination, empruntés à plusieurs peuples; le mien, au contraire, conserve l'ordre géographique, et rassemble les produits divers d'une seule et même nation. Dans une armoire de votre collection on pourrait, par exemple, embrasser d'un seul coup d'œil la série entière des miroirs en bronze, de toutes sortes de peuples; elle commencerait, d'après vous, par les miroirs japonais, objets de luxe qui sont tout à fait semblables à ceux dont les anciens se servaient pour le même usage. D'autre part, un salon de ma collection expose dans tout son ensemble la richesse et la haute perfection des objets technologiques au sein de la société japonaise; un autre salon vous fera connaître, chez les habitants de la Nouvelle-Guinée, la pauvreté et l'imperfection des ustensiles, des vêtements et des autres objets indispensables, même dans l'état de l'homme le plus sauvage.

J'admire d'ailleurs l'enchaînement ingénieux dans lequel vous présentez les différents objets ethnographiques, parce qu'il est établi sur un système naturel et qu'il nous montre l'homme depuis le plus bas degré de son développement industriel jusqu'au plus haut degré de son développement scientifique. Vous commencez vos collections par les objets qui sont nécessaires aux premiers besoins de l'homme à l'état de nature, et qui se rapportent à sa nutrition; enfin, votre série se termine par les plus nobles productions des arts et des sciences. Un ordre semblable est assez large pour embrasser l'existence de tous les peuples qui sont sur la terre, soit qu'on se propose de les comparer entre eux, soit que l'on cherche à les étudier séparément. On pourrait nommer méthode ethnologique proprement dite cette juxtaposition des objets de même nature recueillis chez des peuples différents, laquelle est peut-être plus appropriée à l'étude générale de l'ethnographie; tandis que l'étude pratique des peuples pris séparément, l'ethnographie spéciale, en un mot, me semble demander, de préférence, une division par peuple. En ce cas, le meilleur parti, c'est de subdiviser les peuples en grandes familles naturelles, sans rigoureusement s'astreindre à ce qu'il y a d'artificiel dans les limites posées par nos géographes.

Lorsqu'un État possède des colonies, ou qu'il entretient des relations suivies avec des pays extraeuropéens, il importe que, dans ses collections, les produits de chaque contrée forment une catégorie distincte. Une collection d'ethnographie, classée d'après ce plan, sera l'école primaire des hommes qui se disposent à partir pour les colonies ou les pays étrangers, surtout quand ils doivent s'y rendre en vertu d'une mission spéciale et de nature à les mettre en relation intime avec les habitants. Missionnaires, savants, voyageurs-naturalistes, employés militaires ou civils, marchands et marins, tous pourront, avant de quitter le pays natal, et sous la simple direction d'un catalogue raisonné, acquérir, dans un musée de ce genre, des connaissances préparatoires qui seront d'un prix inestimable pour leurs travaux ultérieurs. Ils ne seront plus étrangers alors aux productions usuelles du pays qu'ils se proposent de visiter et à l'état intellectuel et industriel du peuple qui l'habite. Le missionnaire qui connaît le culte et les mœurs du peuple dans lequel il veut répandre les germes de la foi, ne risquera pas de les voir tomber dans une terre que la charrue n'aura point préparée. Le fonctionnaire civil étudiera la nation dans ses institutions sociales. L'officier pourra d'avance examiner les armes, les armures et les autres instruments de défense employés par les indigènes. Le commerçant saura quelles matières premières offre le sol, et quelles productions industrielles le peuple livre à sa spéculation. Il est donc toujours très-avantageux de donner à ces collections ethnographiques une extension qui puisse les élever au rang d'une exposition de l'industrie des peuples avec lesquels on entretient des relations. Elles éveillent l'attention publique sur les nouveaux articles d'importation, et sollicitent souvent nos artistes et nos fabricants à des imitations heureuses.

Quelle influence les objets d'art et de commerce de la Chine, abondamment importés et favorablement accueillis en France dès les premiers temps, n'ont-ils pas exercée sur l'industrie des Parisiens, dont le goût exquis s'applique avec tant de succès à l'anoblissement des formes chinoises primitives. Vous-même, Monsieur, vous avez dit, ainsi que Cuvier : « Notre industrie européenne, toute perfectionnée qu'elle puisse être, ne peut que gagner à des comparaisons qui doivent l'enrichir encore en suggérant ou des procédés plus simples, ou des usages nouveaux de substances naturelles négligées chez nous, ou étrangères à nos climats; enfin, l'histoire, la philosophie, et même la littérature, peuvent trouver une utile assistance dans l'inspection d'armes, d'instruments ou d'outils dont les descriptions, prises dans les auteurs, resteraient souvent vagues, obscures ou inintelligibles. Ainsi, la connaissance de l'homme, de son génie commercial et industriel et de son état social aux différentes époques et dans les différentes parties du monde, exige indispensablement la réunion de tous les objets dont cette connaissance peut se tirer d'une manière directe, complète et incontestable [1]. »

Un dernier mot, Monsieur. Je m'aperçois, quoique un peu tard, que je ne vous ai rien appris de nouveau, car enfin personne plus que vous n'est pénétré des principes que j'ai tâché d'établir. Du reste, c'est un malheur dont je suis amplement consolé par la satisfaction d'avoir pu vous dire combien je suis moi-même rempli des sentiments qui vous animent, vous qui reconnaissez avec moi qu'il est temps, ou jamais, pour les capitales des empires de l'Europe civilisée qui possèdent des colonies ou qui se proposent d'en fonder, de créer dans leur sein des musées de géographie et d'ethnographie, dont l'existence est une condition de rigueur à la réussite de leurs entreprises.

« Si l'on veut connaître et conserver l'histoire des races humaines, dites-vous, il faudra se hâter de rassembler les éléments de leur état natif, et de préférence, les produits de leur industrie, ouvrages d'un art quelquefois encore dans l'enfance, mais qu'il est intéressant d'observer dans ses développements. »

Aurai-je besoin, après cela, de vous donner encore l'assurance de ma sympathie pour votre projet, moi qui, depuis mon retour en Europe, m'occupe d'un projet tout pareil, en tâchant de réaliser en Hollande, dans ma seconde patrie, un établissement analogue à celui dont vous, Monsieur, cherchez à doter la capitale de la France? C'est dans cette intention que j'ai déposé dans le royaume des Pays-Bas toute la collection ethnographique dont j'avais réuni les éléments pendant un

[1] *Extrait d'un rapport*, etc.

séjour de sept années au Japon, et qui consiste en manuscrits, imprimés, cartes, dessins, peintures, monnaies, vases, idoles et pagodes, armes, armures, vêtements, outils et instruments divers, produits des arts de toute espèce, enfin, dans mille objets curieux et nouveaux. Cette collection, la plus vaste et la plus précieuse de ce genre, j'ose le dire, qui fut jamais formée et rapportée des pays lointains par aucun voyageur, je l'ai spontanément cédée au gouvernement sous les auspices duquel j'avais entrepris mon voyage au Japon. Voir mes collections déposées et conservées dans un asile national, tel fut le principal motif qui me détermina à m'en dessaisir, et le sentiment du devoir et de la reconnaissance m'ont rendue facile la résolution de céder à l'État ces souvenirs précieux, les seuls trésors, je l'avoue sans rougir, que j'aie rapportés des Indes Orientales. Toutes les fois que je rencontre des objets ethnographiques exposés en plein vent aux devantures des magasins ou abandonnés dans les bazars, je plains sincèrement les voyageurs qui les ont recueillis dans les pays lointains, au prix de tant de peines et souvent de dangers, qui les ont conservés et rapportés en Europe dans l'intention d'orner les musées et d'enrichir les arts et les sciences de leur patrie. Je les plains, ces pauvres voyageurs, qui peut-être, après avoir été longtemps déçus par de vaines espérances, se seront vus forcés par le besoin de vendre à vil prix leurs curiosités exotiques. Dans presque toutes les grandes villes de l'Europe j'ai rencontré ces tristes débris, et parfois les étiquettes qu'ils portaient encore m'ont appris les noms des voyageurs distingués, ou même des expéditions scientifiques entreprises par ordre des gouvernements auxquels ces objets avaient appartenu. D'abord, j'étais tenté d'accuser les administrations des établissements scientifiques d'avoir perdu de vue des objets d'un intérêt si grand; mais j'apprenais bientôt que, pour la plupart des États européens, la principale cause de cet abandon résidait dans l'inconcevable indifférence des gouvernements à l'égard des objets d'ethnographie, et dans l'économie mal entendue des départements de l'instruction publique.

Parmi les obstacles qui s'opposent à l'extension et au perfectionnement des établissements consacrés aux études ethnographiques, je dois compter l'égoïsme des conservateurs de collections publiques, quelles qu'elles soient, qui jamais ne consentent à céder des objets qu'une méprise ou le hasard ont mis en leur pouvoir, ou qu'un abus invétéré a joints aux pièces qui leur sont confiées. Malheureusement, ce provincialisme se retrouve dans toutes les capitales. Après avoir examiné presque tous les établissements de l'Europe, je me suis convaincu qu'en centralisant sur un seul point les trésors ethnographiques dispersés dans plusieurs musées, et cela sans ordre, sans but, sans utilité, rien ne serait plus facile à la France, à l'Angleterre, à la Russie et à plusieurs États de l'Allemagne, que de former des collections d'ethnographie qui seraient importantes pour la science et curieuses pour le public. Ces objets, sans rapports réels avec la destination des établissements où ils sont déposés, n'offrent actuellement qu'une faible utilité, en comparaison de celle qu'ils recevraient par leur réunion même, dans un dépôt spécial, où viendraient affluer les produits des recherches et des découvertes dues aux voyageurs divers.

C'est à dessein que j'ai passé sous silence la Hollande, qui ne mérite pas d'être comprise dans cette catégorie. Son gouvernement, depuis l'an 1815, a fait des efforts prodigieux et consacré des sommes immenses à la création d'établissements nationaux destinés à l'étude des sciences physiques, de l'archéologie et de l'ethnographie, établissements dont aucun n'existait dans ce pays avant la Restauration. J'invoquerai le témoignage des illustres professeurs du Jardin du Roi, vos savants collègues, Monsieur, à l'Institut de France, et dont plusieurs, comme vous, en visitant nos établissements de ce genre, ont été grandement surpris de rencontrer à Leyde des collections qui non-seulement peuvent rivaliser avec celles de Paris, mais qui même les surpassent dans certaines spécialités par leur état de fraicheur et de parfaite conservation. Les noms des célèbres fondateurs de ces établissements, MM. Temminck, Reinwardt, Blume, Reuvens et Leemans, font autorité toutes les fois qu'il est question de la valeur scientifique de ces collections inappréciables. Mais après avoir donné de justes éloges aux fondateurs des établissements dont je viens de parler, je dois remplir un autre devoir non moins sacré, en rappelant que depuis 1815 le gouvernement des Indes Orientales hollandaises, représenté par des hommes d'État dont les noms sont immortels dans les fastes des colonies, a contribué puissamment à les enrichir par les recherches scientifiques qu'il a ordonnées, et dont il a supporté les frais, qui se montent à plusieurs millions de francs.

Aussi les collections d'ethnographie acquises dans ces derniers temps par le gouvernement des Pays-Bas sont-elles considérables, et il suffira de signaler les trois collections formées au Japon par MM. Blomhoff, Van Overmeer-Fisscher et par moi, qui présentent toutes les richesses ethnographiques de cet empire et de quelques pays voisins, et qui s'élèvent à une valeur de plus d'un demi-million de francs. Je puis donc affirmer, Monsieur, qu'aucun État d'Europe n'a fait en faveur de notre science d'aussi grands efforts que la Hollande, même à l'époque de ses récents embarras politiques et pécuniaires. On n'a pas encore, il est vrai, réuni tous ces matériaux pour en former un seul musée spécial; mais telle est néanmoins la ferme intention de mon gouvernement, et j'espère voir s'élever bientôt, sous les auspices du roi Guillaume II, ce généreux protecteur des arts et des sciences, un monument national dont les fondements ont été posés par son auguste père.

Si je me félicite d'avoir contribué pour ma part à la création en Hollande d'un musée pour ma science favorite, je désirerais ardemment aussi me voir à même de déposer en France quelques objets rapportés du Japon, et qui pussent aider à combler les lacunes de la collection. Mais il ne me reste qu'une seule pièce rapportée de ce pays, un souvenir curieux et intéressant, il est vrai : c'est une boîte sortie en 1828 de la main d'un artiste japonais, avec le portrait de l'empereur Napoléon, copié sur le frontispice de l'*Histoire de Napoléon et de la Grande Armée*, de M. de Ségur. Le portrait, fait en mosaïque de nacre, prouve, par sa frappante ressemblance, la scrupuleuse exactitude de cette nation dans l'imitation des objets d'art. La boîte elle-même est faite du bois léger de la *Paulownia Imperialis*, le plus bel arbre du Japon et de la Chine, que l'on cultive avec succès en France depuis quelque temps; et le vernis noir et d'or dont elle est enduite peut donner une idée de la haute perfection atteinte par les Japonais dans l'art de vernir. Cette pièce, qui constate que la mémoire de l'Empereur se conserve à l'extrémité du monde, est précieuse pour la France. Je confie donc à vos soins, Monsieur, cet objet d'art exotique, en vous priant de le déposer en mon nom au centre des collections géographiques et ethnographiques, que vous formez pour la grande Bibliothèque royale,

J'ai l'espérance de voir, par ce dépôt, se développer le noyau d'un musée ethnographique à Paris, aussi rapidement que les rayons rejaillis de la gloire du grand homme dont le portrait est reproduit par une main japonaise, ont illustré la France et se sont répandus jusqu'à ses antipodes.

Agréez, Monsieur, l'assurance de la considération la plus distinguée de votre très-humble et très-obéissant serviteur,

DE SIEBOLD.

Paris, avril 1845.

OUVRAGES

DE M. PH. FR. DE SIEBOLD,

QUI SE TROUVENT

A LA LIBRAIRIE DE BENJAMIN DUPRAT.

NIPPON, Archiv zur Beschreibung von Japan und dessen Neben- und Schutzländern.

Livraisons 1 à 12, avec 240 planches. In-folio. . . . . 472 fr.

Le même ouvrage, in-4°. . . . . 408 fr.

FAUNA JAPONICA. In lucem prodierunt :

REPTILIA. 1 vol. in-4°. . . . . 80 fr.

CRUSTACEA. Decas, I — V. . . . . 135 fr.

MAMMALIA. Decas, I. . . . . 32 fr.

PISCES. Decas, I, II. . . . . 64 fr.

FLORA JAPONICA. Centuria prima. Fasc. 1 — 20. Cum tab. pictis. . . 320 fr.

Id. Cum tab. nigris. . . 120 fr.

BIBLIOTHECA JAPONICA, sive selecta opera sinico-japonica, edentibus Ph. Fr. de Siebold et J. Hoffmann, Libri sex, 1833—1841.

Liber I, Litterarum ideographicarum Thesaurus, sive Collectio omnium litterarum sinensium secundum radices disposita, in-4°. . . . . . 144 fr.

Lib. II. Thesaurus linguæ japonicæ, sive Illustratio omnium verborum ac dictionum loquelæ tam japonicæ quam sinensis, in-4°. . . . . 280 fr.

Lib. III. Tsian tseu wen, sive mille litteræ ideographicæ, opus sinicum, cum interpret. Koraiana, in-4°. . . . . 40 fr.

Lib. IV. Vocabularium sinense in Koraianum conversum, vol. I, in-4°. . 24 fr.

Lib. V. Insularum japonicarum tabulæ geographicæ. . . . . . . 24 fr.

Lib. VI. Annales Japonici, cum interpretatione germanica, in-4°. . . 40 fr.

Catalogus librorum japonicorum, in-4°. . . . . 24 fr.

Isagoge in bibliothecam japonicam, in-4°. . . . . 5 fr.

Epitome linguæ japonicæ. . . . . 12 fr.

Typographie LACRAMPE et Comp., rue Damiette, 2.

www.ingramcontent.com/pod-product-compliance
Ingram Content Group UK Ltd.
Pitfield, Milton Keynes, MK11 3LW, UK
UKHW032037260826
14628UKWH00007B/3014

9 782019 695934